SIN EQUIPAJE

Elvira Galián

Aliarediciones

Corrección: Eladia Guerrero
Diseño de cubierta: Laura S.Ayuso
Maquetación: Aliar Ediciones

Depósito Legal: GR 271-2024
ISBN: 978-84-10155-58-9

Impreso en España

Edita
ALIAR Ediciones
www.aliarediciones.es
info@aliarediciones.es

SIN EQUIPAJE

Elvira Galián

A mis padres,
por regalarme las alas y enseñarme a usarlas

Poesía es la unión de dos palabras
que uno nunca supuso que pudieran juntarse,
y que forman algo así como un misterio.

Federico García Lorca

NOTA DE LA AUTORA

Nunca me enseñaron demasiado bien a *decir* lo que sentía. Supongo que por eso he tenido que hacerlo de tantas formas diferentes que a lo largo de los años he aprendido algo sobre el asunto. Después de los golpes secos que me dieron otros y de los que me provoqué yo misma, he aprendido a decir, en algunas ocasiones, aquello que late tan dentro que jamás podría ser siquiera entendido. Y a pesar de la inherente necesidad de gritar aquello que me está sucediendo, hay veces en las que se me hace difícil expresar todos esos sentimientos que, en algún momento, no se me ha permitido tener. Todas aquellas emociones propias y ajenas, embrujadas y prohibidas. Y es entonces cuando aparece la poesía, para ofrecerme una vía de escape, una herramienta, un modo de decir lo que necesito decir. He escrito mucho para aquellos que nunca quisieron escucharme. Pero gracias a eso en el camino he encontrado oídos nuevos, y me he quedado a vivir en ellos.

En un momento dado entendí que, si lo deseas, puedes ser todas las personas que quieras en una. Porque eso es lo que realmente eres. Una amalgama de *tús*. Un conjunto de emociones dando lugar a un montón de frases inconexas que, a través del trance que supone colocarlas en orden, cobran un sentido perfecto. Si en alguna ocasión tú también te has sentido como yo, fuera de lugar, te entiendo. Escribir estos poemas ha supuesto abrir cicatrices ya cosidas y desgarrar algunas que estaban a medio cerrar.

Y, a la misma vez, hacerles esa necesaria cura de sal, para siempre. Todavía hoy, descubro casi a diario que lo único constante en mi vida serán las veces que tendré que volver a reinventarme. A quererme más. A quererme bien. A mí.

Y si alguno de estos poemas consigue conectar con el momento concreto en el que tú también te sentiste igual que yo, o con aquellos otros a los que robé una historia para escribir estas, enhorabuena. Eres un ser comprensivo, compasivo, sensible y sintiente. Y si te sientes mal porque despiertan en ti aquello que no quieres ver, no temas. La oscuridad forma parte de nosotros, al igual que el sol, que siempre, siempre, sale.

Las artes abren las heridas, pero solo tú tienes la llave para cerrar definitivamente todas y cada una de las puertas que antes otros cerraron en tu nombre, para abrir todas las ventanas que dan al mar.

La poesía huye, a veces, de los libros para anidar extramuros,
en la calle, en el silencio, en los sueños, en la piel,
en los escombros, incluso en la basura.

Joaquín Sabina

LO QUE SÉ

Me cuesta escribir sobre mí, y es curioso
porque corren ríos de tinta
sobre ti.

Me paralizo, me estampo,
me he quedado sin aire
tantas veces que no sé
cómo he llegado hasta aquí.

Soy sensible y muestro lo contrario,
establezco barreras de sangre.
Me rindo antes de que empiecen las guerras
y he limitado el corazón a sentir.

Por pensar mucho provoqué desastres naturales.
De mentir bien hice un arte,
o él me hizo a mí.

Por expresar lo que otros sienten
descubrí una pasión:
recorrer las venas de otra gente,
sentir su risa, su dolor,
su pulsión.

Hay tantas personas en mí
que intento habitar muchas vidas
con la irreverencia de alguien que sabe
que solo tiene una que vivir.

ETIQUETAS

Hace tiempo descubrí que prefería
arrancar las pegatinas,
vaciar de tinta las paredes,
disfrutar del placer de despedirse.
Que prefería
no decir «soy», sino «he hecho»,
para no reducirme.
Que yo no soy nada. Tampoco soy lo que tengo.
Soy lo que he vivido, lo que he sentido,
lo que he rehecho.
Como todas esas veces
en que me he rearmado a mí misma
desde cero.
Que no soy lo que pone en un papel
lo tengo claro.
Soy aquello
que he ido aprendiendo con los años.
Lo confieso,
no soy poeta.
Solo soy una persona curiosa,
con un corazón que arde
y una mente abierta.
Y ahora siento
que no quiero limitarme
a una palabra del diccionario,
a una sola forma de hacer arte.
Que no quiero encajarme
en un conjunto de átomos,
en el nombre de una calle.

CURRICULUM VITAE

He llorado en un lavabo y he perdido la fe.
He hecho el comentario desafortunado,
he besado por última vez
en una estación de tren.
He follado con amor y también sin él.
Lo hicimos juntos más veces sin ti
que contigo.
He tenido dudas y miedo,
he interpretado un papel.
He empujado a mi cerebro a ser él mismo
y me he faltado al respeto.
Te he escuchado en el cuarto contiguo,
he callado secretos,
he confesado mentiras
y he forzado encuentros.
He estado ahí abajo
esperando a que acabe.
He fingido hablar con alguien
antes de entrar en el metro.
He salido corriendo, he huido,
y también he deseado que te quedes.
No he dicho lo que siento, y lo he escrito.
He sido salida de emergencia,
oasis en desiertos,
precipicio.
He hecho y deshecho corazones,
el primero, el mío.
No he tenido cuidado,
he aniquilado recuerdos,
me he tragado la rabia.

Aquella noche dejé amarrado
un poema
a los pies
de tu cama.

GRACIAS

Gracias por hacerme daño,
sin pretenderlo.
Porque has conseguido
que vuelva a escribir.

Gracias por destrozarme la vida,
por ponerlo todo patas arriba,
por cambiar de sentido las normas.
Por existir.

Gracias por haber tenido paciencia,
para romperme el corazón
en el momento exacto
en que empezaba la tormenta.

Gracias por mirarme con otra cara,
cuando más quería que me miraras,
cuando más quería que me quisieras,
cuando más quería que me abrazaras.

Gracias por provocar el desastre,
por hacer correr la sangre.
Por mantener la compostura
cuando descubras
que yo
te quise
sin conocerte.
Te quise
sin tenerte presente.
Te quise
a pesar de tu muerte.

LO MALO DE LAS ARTES ES QUE SOLO ABREN LAS HERIDAS

Con todas las heridas abiertas,
yo ya estoy perdida.
Si vuelves a mirarme de esa forma
será demasiado tarde.

Como si no lo fuera desde hace tanto,
desde que echaste este cuerpo a la hoguera.

Subidas todas las barreras
y bajadas todas las defensas,
no tendré aliento suficiente
si vuelves a tocarme
para huir.

No tengo ninguna idea de qué hago
cuando cometo todos los crímenes
que me prometí no perpetrar.

No tengo ninguna idea de qué haré
cuando descubras
que aquí dentro hay algo más.

Y todo eso de darse el caso
de que tú volvieras a encontrarme
en el punto exacto entre los dos planetas
que se alinearon aquella tarde
para vernos
brillar.

INMORTAL

Las personas que más me enseñaron
serían las primeras sorprendidas en saberlo.
Las que más lecciones me dieron
fueron aquellas
que nunca me miraron.

Los que nunca quisieron quererme
ni escucharme ni amar
mi sensibilidad.

Aquellos que no lo supieron, aquellos
que aniquilaron mi corazón,
que llenaron de cenizas el mar.
Aquellos y no otros fueron
los que, sin saberlo,
han hecho que yo pueda,
al menos,
en este poema,
ser inmortal.

LO QUE ESCONDES SIEMPRE ACABA HACIENDO RUIDO

Te guardé en un cajón,
uno alejado, recóndito,
el típico cajón que nunca abro.
Y pensé que nunca te encontraría
de llegar a darse el caso
de que una noche, sonámbula,
sin ser dueña de mis propios actos
fuera en tu búsqueda.
Pensé que nunca daría con tus restos
y cometí el fallo
de no tirarte a la basura.
Te guardé en un cajón,
pero no reparé en el detalle
de que cada vez que te movieras,
cada vez que hicieras algo,
muy a lo lejos,
no podría evitar
escucharlo.

Es curioso cómo el principio y el final de una relación se parecen tanto. Dos completos desconocidos que no saben comportarse con naturalidad.

Zahara

EL FRÍO SIEMPRE LLEGA DE REPENTE

El frío ha llegado por sorpresa.
Todas las noches echamos de menos algo.
Distintos abrigos a lo largo de los años,
pero siempre el mismo modo de sentir
que al otro lado alguien aprieta,
alguien cobija,
alguien espera.
Te echo de menos, quién lo diría,
porque nada tiene
menos sentido que eso.
Yo no podría, nunca en la vida,
echarte de menos.
Porque no sé cuál es la temperatura perfecta
de tu café por las mañanas, no sé
cuántos minutos te quedas en la ducha
después de acabar el espectáculo,
simplemente disfrutando del instante,
simplemente estirando el momento,
evitando el paso irremediable
de salir a la intemperie del lavabo.
No podría echarte de menos y aun así
lo hago.
Echo de menos soportar juntos
este frío en el que tú,
de haber existido,
jamás
te habrías quedado.

EL SALTO

Si no hubiera saltado sin mirar,
no habría tenido que fingir,
no habría tenido que asfixiar
cada uno de los sentimientos
que sangraron de mis dedos,
durante el poco tiempo
que estuvimos juntos.

Si no hubiera tenido que mentir
sobre esa astilla que tiñó mi piel,
sobre el color de la tuya,
sobre la sombra y la angustia,
hubiera podido correr
sobre este fuego apagado,
sobre las ruinas del sábado,
sobre lo que no admitiré.

Hubiera podido huir
de todo lo que brillaba al mirarte,
de todo lo que olía a mar,
de tu sonrisa, de tu ruido,
de tu parte.

Hubiera podido dejar de nombrarte.
Hubiera sabido dejarte marchar.

IRREAL

Durante muchas lunas te observé desde lejos.
Ahora apenas podría distinguirte
de otros iguales que tú.

Pero es que era
tan mágico el momento,
no sé si real o imaginario,
de tu peso sobre el mío,
de tu beso en mi espalda,
de tu exceso de pasión,
que si hubiera podido
habría extinguido
toda ausencia, toda duda,
cualquier otra emoción
distinta a la que despertaban
tus manos al mirarme,
tus ojos al tocarme,
tu vida, que se paraba
una vez a la semana
para bajar el telón.

MEJOR NO ME MIRES

Tienes una forma de mirar que me da miedo.
No me gusta, porque cuando te miro
me veo.
Y no quiero enfrentarme a eso,
no quiero lidiar
con algo así.

HUYE

Si supieras lo que hago
cuando tú no estás…
Cuando retumbas en mis miedos,
cuando saltas a la comba en mi cerebro,
cuando el eco
no me deja siquiera
pensar.
Te escaparías de donde nunca has estado,
huirías
de mí.

Tú no querrías estar aquí,
con alguien como yo,
que piensa compulsivamente
en tus malditos abrazos
envenenados.

Con alguien
que pierde la calma al volante.
Ese en el que ya no hay nadie
desde que tú besaste
en el centro
del dolor.

PESO MUERTO

Hay personas que consumen mi energía,
que succionan los vértices, que me dejan seca,
y no precisamente dejando placer
como moneda de cambio.
No, hay gente que extirpa mi ánimo,
que me corta los labios, solo con mirarlos,
si es que me mira.
Hay gente como tú, que no me ama,
que solo traspira indiferencia.
Me descargas, me pones en el suelo,
después de verte no me queda aliento,
          estoy agotada,
                    tengo el cuerpo roto,
                              soy un peso muerto.

EL ALAMBRE

Cuando llegas se hace tarde
para soltar a las bestias,
para movilizar a las tropas,
para enfadarse.

Cuando entras ya no hay nada
más que la espera interminable
del beso que nunca das,
del guiño que nunca haces.

Cuando acaba la batalla
ya no hay sangre.
No hay aire, no hay luz.
Ya no hay nadie.
Solo queda el desastre
de volver a la vida de antes.
De arriar las velas,
de esperar el rescate.

De no poder libar
en este enjambre.

Y tratar de seguir sonriendo,
como si ya no costase
respirar y mirarte,
respirar y no tocarte.

Como si ya no costase
caminar en el alambre.

TODO

Todo lo que entendí sobre mí
lo descubrí escribiendo
sobre ti.

DE SEIS A SEIS

La mejor noche de mi vida duró 12 horas. Fue larga. Y no dormí. Esa noche tú no sabías *todo* lo que iba a ocurrir. Y yo, que sí, a pesar de ello me sorprendí. De tu mirada, de tu tacto, de tu olor, de tus fracasos. Los míos se dejaron llevar y mintieron sobre tu cama. Como si me hubiera pasado muchas otras veces lo mismo. Como si alguna vez en mi vida hubiera conocido a alguien que ya conocí en otra. Como si hubiera sentido alguna otra vez la fuerza de unas manos como las tuyas. Que tocan sin invadir, que complacen sin asfixiar, que buscan como el que no quisiera encontrar nada en concreto. Que tienen ese talento innato y natural del que no sabe lo que hace, pero lo ejecuta con perfección. Como si hubiera vivido alguna vez antes de ti el hecho de que dos seres con cuerpo puedan dejar de tenerlo para ser solo dos entes que, en una conjunción de planetas que ocurre una vez cada millón de años, se encuentran.

IN MEDIA RES

Como es nuestra primera cita, no puedo decirte
que ya me gustabas de antes, que ya me ponías,
no puedo asustarte,
invitarte a que entres en mi vida
como si ya te conociese.
Estamos hablando cordialmente,
diciendo algo profundo sobre algún tema importante,
debatiendo sobre lo mucho que ha subido últimamente
el precio de los plátanos.
Cualquier cosa hoy sirve
porque hoy no hace frío ni hay nadie.
Mañana sí, mañana
habrá gente opinando, habrá resaca,
habrá un mensaje.
Después de nuestra primera noche
no podré decir que quiero repetirte.
No podré sonar ansiosa, desmedida.
Tú lo más probable es que empieces
a parecer ausente.
Después de la suma determinada de asaltos
a los que sobreviviremos esta noche
me preguntarás si me quedo a dormir, únicamente
por la pereza de desandar el camino previo
entre tu cama
y mi coche.

LA HOSTIA

Ha sido tan veloz, y a la vez tan lento
el choque contra el fondo,
que a veces pienso
que ha sido solo un sueño.

Ha sido tan siniestra tu sonrisa sin pasión,
tu mano inerte sobre mi pecho ardiendo,
tu golpe seco en el centro
que ya no sé si es cierto o no
todo lo que hoy sangra,
todo lo que ayer brillaba
sobre este cuerpo, hoy cortado,
y sobre el tuyo
en esta habitación.

Escucho los gritos, los llantos,
el miedo.
Intento pararlo y no puedo.
Las piernas hundidas en desconcierto no pueden correr.
Tu estatua de hielo se erige sobre mis labios,
los hiere, los corta, los entumece.
«No te vayas», quieren gritar,
pero no pueden.
Han vuelto a tragar serpientes y veneno.
Han vuelto a fumar.

Yo, rendida, como en otro cuerpo,
no vi venir este duelo atroz,
esta sangría que pensaba parar yo.

Y hace tiempo que olvidé cómo frenar
el temblor de mis dedos al verte
cruzar esa puerta que nos vio entrar y ahora
ve marcharse a tu voz.

A SALVO

No te preocupes,
tú estás a salvo
de la catástrofe que supone
estar enamorado.

TÚ

Tú, que no sabes que las mujeres se corren,
o que lo sabes y no te importa.
Que solo tienes tiempo de mirarte a ti,
y ni tu propio reflejo te soporta.

Tú, que nunca miras dentro por si sale
la verdad que te incomoda.
Que no tienes vergüenza ni coraje,
tú, que nunca reflexionas.

Tú, que ni a ti mismo te conoces.
Tú, que no has tragado una derrota.
Que nunca has sentido ni un golpe.
Que no has derramado una gota.

Tú, que tienes tanto miedo de cruzarte
con alguien que te mire de frente.
Y por eso huyes, evitas, no entiendes
que no eres más que un pedazo de prepotente.

VIOLENCIA

Cuando menos lo esperas.
Como la ola que golpea.
Como un aneurisma cuando estalla
y descuartiza una vena.
Y sabes que caes,
que inevitablemente despiertas
desmembrada en el fondo, atenta
al rastro de sangre que dejas.
Y es esa violencia,
que tú misma has tragado,
la que te deja en el suelo temblando,
mientras te dices a ti misma: «te lo dije».
Mañana solo será un recuerdo,
una rémora,
un siniestro.
La memoria del sueño pesado.
Como cuando estás en blanco,
en mitad de una multitud,
en el estrado.
Y ahí, en tu punto de mira,
donde no eres ya capaz de pararlo
ni tienes consciencia de tu cuerpo,
descubres que te destrozará de nuevo,
que será una lucha en el barro.
Que será una caída en picado.
Que será un corte en los labios.
Que *él* es solo un extraño.

LA CANCIÓN DEL VERANO

Como cuando escuchas un tema
que no te gusta, que ya te suena
a lo mismo de siempre.
Y cuando estás a punto de dejarlo ir...
de repente, se te pega.
Y ese fraseo, ese acento te cala de repente.
Te despierta.
Y ya no recuerdas cómo era
la vida sin él
si ahora, por fin,
te sientes tan plena.
Después de un tiempo,
generalmente corto,
te abandona.
No te avisa, un buen día no aparece,
y no perdona.
Así fuiste tú.
Una adicción pasajera.
Una canción sintética
con un mensaje vacío.

Una mentira aséptica.

CIERRA AL SALIR

No te pedí que no te fueras
porque siempre supe que lo harías.
Te pedí que me avisaras
por si anticipaba el momento.
Quería prepararme,
no quería ir con estos pelos.
Quería comprarme unos tacones,
ponerme mi camisa favorita, ya sabes,
antes muerta que sencilla.

Te pedí que sacaras la artillería pesada,
que no iba a dolerme,
que desenvainaras el «no eres tú, soy yo»,
mirándome.

Me dijiste que sí, que lo harías,
como el que le da la razón a un tonto,
para que me marchara.
Tenías cosas que hacer.

Te pedí que me avisaras, que lo rompieras bien,
que fuera un golpe seco,
un tiro en la sien,
una muerte en el acto,
y a seguir.

Te pedí
que cerraras la puta puerta
al salir.

DÍA IDEAL

Algún día me van a detener por todos los delitos.
Por escribir en el trabajo.
Por pensar en tus abrazos.
Como quien desea que siempre sea sábado.
O su día ideal.
Como quien cree que algún día vas a entender
que deberías haberme retenido a tu lado.
Que deberías haberme *secuestrado.*
Que deberías haberme llevado a bailar.

LEY DE ATRACCIÓN

Un cuerpo es, a veces,
suficiente, incluso a distancia,
ni siquiera de frente,
para emitir la señal certera, evidente,
capaz de atravesarte.
En mi cuerpo indefenso,
con las tropas en descanso,
has penetrado.
Y ahora, desnuda y descubierta,
ya no puedo caminar hacia atrás.
Quisiera regresar, borrar, revertir la mezcla.
Pero no soy capaz de olvidar
el color de tu piel
ni la fuerza de tus manos,
que colocadas en mi sien
me someten, me aprietan.
No me dejan ser.
Yo corro y grito y tiemblo,
pero tu piel me atrae de nuevo.
Mientras tú, inerte, indiferente,
impasible,
ya no estás.

Nunca has estado.

CONFESIONES

Te confieso que sí, que es cierto
que no te presto atención cuando me hablas
que no te escucho en absoluto
que nunca te atiendo
que no te entiendo
que me quedo bloqueada
mirando
tu boca.

ABSTINENCIA

Mi piel me ha preguntado, de nuevo,
que cuándo vienes, que dónde estás.
Yo le explico, le razono, que tú
no quieres venir.
Pero no lo entiende, no le importa,
solo sabe de drogas
y de fiebre.
No me escucha, no es consciente,
no sabe cómo dejar de temblar
cuando le muestro lo evidente,
que tú, por esa puerta,
no vas a entrar.
Y me sigue destruyendo, en tensión.
Sigue vibrando, calculando cada día
cuál podría ser el modo menos ridículo
de llamar tu maldita atención.
Y le digo una vez más que tú
no quieres venir.
Que tú no existes, que tú no estás.
Y viaja del desespero al dolor,
y pasa por la euforia
si la tocas un segundo.
Y yo, que la miro desconsolada,
no sé qué hacer con ella.
Es como si no la conociese.

Es como si ella
no fuese
yo.

MÁQUINA TRAGAPERRAS

Por fin he entendido el mecanismo,
de una vez tengo claro cómo funciona
el autómata perfecto del instinto,
el círculo vicioso, la matemática, la fórmula.
Resulta que eres como una máquina tragaperras.
Nunca sé cuándo me toca.
Y cuando cae la moneda me agacho rápido a recogerla.
Me arrastro por el suelo porque cae y rebota.
Y la cojo rauda, veloz, ingenua.
El dispositivo no da tregua.
Te atrapa como una tela de araña,
y cuando te has dado cuenta
ya estás enganchada, ludópata.
Con la sed tatuada en la lengua,
abandonada por los tuyos, sola.
Y no encuentras la salida de emergencia.
¿Hoy será el día en que me atiendas?
¿Será hoy el día en que me quieras?
Así yo, la otra, la de ayer, la de mañana.
No quiero hacerme la víctima, como siempre.
Sé fuerte, espabila, despierta, detente
justo a tiempo.
Antes de que caiga la maldita moneda, antes
de que lo intente.
Porque si lo hace no sabrás contenerte, ¿verdad?

No sabrás morderte los dedos
para no coger una vez más
las migajas de la suerte.
Qué irónico.

Tener suerte sería ser capaz
de dejar de jugar
con tu fuego, con mi cuerpo
y con la muerte.

TIPO TEST

Estoy en contra
de dejar la escritura para luego.
Y, sobre todo,
de los exámenes tipo test.
En contra de la ambigüedad,
la ambivalencia.
El descarte.
El rechazo.
Estoy en contra, lo siento, no me adapto.
Por eso siempre que volvías
tenía que dejarte
en blanco.

CONDICIONAL IMPOSIBLE

Te hubiera abrazado tan fuerte
que nunca habrías sentido
la presión de mis brazos.

Te habría hecho el amor tan lento, respirando,
que hubieras tenido que pedir un día libre
por cada uno de los orgasmos.

Te hubiera escuchado tan bien
que cuando no supiera
ni qué estás diciendo
habría sabido entenderte.

Porque te habría tenido tanto cuidado
como para no romper lo que estaba cosido,
como para no arañar el cristal de tu signo,
como para matar por ti cualquier olvido.

Te habría tocado tan suavemente
que tu vida se hubiera sentido segura a mi lado,
y la mía, esperando a que vuelvas,
como quien vuelve a casa del trabajo
con la calma del que sabe que le esperan,
con la mirada de otros tantos que llegaron,
mucho antes a naufragar en esta playa,
pero nunca trajeron la luz en sus manos.
Y yo me moriría si en este mismo instante
me dijeses que sí.

En cambio, tú, teñido de ausencia,
de dudas, de pérdidas, de falta de tiempo,
no puedes, no quieres, o todo lo contrario.
«Hoy no se puede», dices,
con la ambigüedad en el punto exacto.
Y la playa se queda desierta de nuevo.

Ni hoy, ni después de mil preguntas,
ni después de mil años,
podrías entender lo que siento cuando escribo
con el pulso en los dedos,
que te hubiera querido tan bien
que el fin del mundo nos habría pillado bailando,
fundidos y sedientos,
con el aliento justo para,
en un beso,
comprender
que todo esto

solo fue

mi sueño.

AUTOPSIA

Nunca permitiría
que me leyeras un solo verso.
Sería como administrarme a mí misma
mi propio arsénico.
Como provocar el desalojo.
Qué ironía.
Como si no hiciera ya suficientes noches
que el tacto de tu cuerpo
es un recuerdo borroso.

Pero es que es curioso
que mis dedos sigan sangrando
ahora que tus ojos son dos orificios inertes
sin venas, nervios ni músculo,
mientras mis vértices son dos serpientes revolviéndose
tratando de entrar en ellos de nuevo,
de penetrar suavemente, de colarse, de meterse
muy dentro,
donde no haya aire
y ya no tengas más remedio
que volver
a respirarme.

DECLARACIÓN DE INTENCIONES

Hay algo en tus ojos
que aparece muy de vez en cuando
y atraviesa cada esquina de este cuerpo
que trata, sin éxito, de seguir respirando.
A veces realizas el masaje cardíaco
con tus manos sobre mi pecho agonizando.
Entonces todo el humo se convierte en espectáculo
y estos pulmones, antes grises, se tornan de colores.

Qué milagro cuando ocurre,
cuando en mis sueños
tus dedos sostienen mis abrazos
y sobre estas tablas ya no quedan más actores.
Quiero sentir el calor de tu cuello,
que rebusques, curioso, en los interiores,
que estallen todos los relojes.
Quiero escribir, de una vez, algo bello.

No me falles, busca, encuentra.
Échame, por una vez, de menos.
Quiero que adhieras tus labios a los míos,
que contamines cada poro de este ser,
que tus brazos sostengan mi centro
y que todo me importe lo mismo que nada.

Que intoxiques mi cerebro,
que escucharte gemir
sea mi única batalla.

RETIRADA A DESTIEMPO

Cuando ya no queda nada más que el rastro
del siniestro más grande de tu vida,
que no es otro que el más reciente,
solo porque te pilló desprevenida.
Cuando ya no encuentras la salida
lo mejor es largarse como sea.
Antes de que sus monstruos empiecen la estampida
y de tener que fumarte las ganas de verle.

Cuando te dicen que deberías estar agradecida,
pero a ti te parece una gran putada
que vida rime con herida,
pero tu cuerpo ya no con sus miradas.
Lo mejor es colocarse con algo fuerte,
como él te pedía que se lo hicieras
cuando había algo más que fango entre vosotros
y ninguna sustancia era requerida.

Lo mejor es seguir con tus cosas,
hacer como que aquí no ha pasado nada.
Como que no os habéis visto por dentro, cuando después
no había confianza para una llamada.
Lo ideal es seguir tu camino, trazar un plan perfecto.
No rebañar las sobras, no insistir, ser elegante.
No sea que descubra que tienes sentimientos,
que dentro de tu pecho hay un órgano que late.

No vaya a ser que no podáis seguir fingiendo
que nunca se ha hundido en tus infiernos,
que no te has comido sus ansias.
Que nunca has tragado el veneno.

No puedes dar lugar a eso.
Estarías loca, desquiciada, demente.
Eres el trapecista con miedo,
y todos los que nunca saltaron
porque cobraba demasiada factura ser valiente.

Así que mejor quédate calladita,
no alteres el orden, no rompas la calma,
no seas rebelde, no quemes las sábanas.
No entres, no salgas, quédate quieta
y no temas.

Poco a poco el tiempo pasa y envilece
el recuerdo de su peso sobre el tuyo,
de sus dedos gimientes,
y remienda el orgullo.

Tranquila, se te va a pasar.
Tú de momento vete lejos,
dentro del mismo lugar que le contiene,
y evita cometer algún delito.
No escribas, no llames, no des señales
por tierra, por mar o por aire.
Ya verás cuando te lo encuentres en los bares
y pienses: ¡qué disparate!

Lo mismo que dijo él la última vez que follasteis.

SOBRE LA DECEPCIÓN

La decepción puede ser un arma peligrosa. Puede acabar de golpe con todo aquello que crees haber sabido a ciencia cierta. La decepción es ese vaso de agua cuando acabas un entrenamiento extenuante. Pero también es el golpe en el meñique contra la pata de la cama. Tiene algo distinto al resto de emociones, algo más interesante, más útil. Es capaz de aliviar y joder, a la vez. Lo primero, porque siempre alivia volver a encontrarse a uno mismo reflejado en la decepción provocada por el otro. Volver poco a poco a sentirte tú, fuera del yugo que suponía la falsa idea de la otra persona. Lo segundo, porque siempre duele ver por fin todo aquello que estabas mirando a través de una venda.

La decepción siempre llega.

A veces antes, a veces después. A veces es progresiva y otras veces es el golpe contra la pared de mármol de tu propia vida. No sé qué es peor, pero yo prefiero la primera. Por aquello de poder seguir siendo masoquista un rato más y pensar que quizá haya esperanza. Que nadie es perfecto y que una pequeña decepción podría ser perdonada. Qué ironía. La decepción no se perdona, porque no es ninguna falta. Es algo que, involuntariamente, el otro realiza, al que le nace absolutamente todo lo contrario de lo que tú crees que debería. Y no nos confundamos, no se trata de pensar que el otro cumplirá siempre nuestras expectativas, no me malinterpretéis Se trata más bien de algo más tenue, leve, momentáneo. Una emoción muy concreta y breve. La sensación de vacío y la punzada que producen unas pocas palabras del otro en el pecho. Que van escalando a la garganta y anudan todas las que tú, inevitablemente, ya no vas a emitir. Esa extraña y contradictoria sensación de dolor, que no por ser reconocida por experiencias anteriores es menos intensa. En ocasiones no hace falta una gran decepción o una historia que podría inspirar la balada del momento. No hace falta verlo besando a otra, hablando mal de ti o contando debajo de qué pecho tienes un lunar. A veces hace falta algo mucho más sencillo, más cruel. Unas pocas palabras bastan, a veces, para generar la sensación. Para que en tus ojos aparezca en un cartel luminoso la palabra: DECEPCIÓN. «Lo vamos viendo». Una frase inocente que podría pasar desapercibida. Sin embargo, a ti te supone la mayor de las ofensas. A ti, que no tendrías que haber mirado tu agenda para saber que hubieras ido allí donde hubiera querido, si lo hubiera necesitado. A ti, que sabes que le has abierto tu pecho en canal, que le has enseñado tu sombra y tu miedo, que le has contado aquello que duele para confirmar con tres palabras que esa persona jamás estará dispuesta a ayudarte a sanar tu dolor.

POLISÍNDETON

Yo ya callé y comulgué
y tragué y transigí
y repetí los patrones
y me envenené mordiendo
y lloré y me quemé
y me flagelé también
y fingí y actué y temí
tu reacción
y me fui y volví
y ni siquiera te enteraste
y me hice pequeña
y luego grande
y aquí estoy y aquí sigo de pie
y hablo y grito y rompo
las normas que no conozco
y me importa una mierda
lo que opines tú.

EL TIEMPO

Sé que tarde o temprano saldré de esta,
que volveré a sentir paz y humor,
que me liberaré de esta trampa.
Y no tengo prisa, me conozco.
Me tengo paciencia.
Espero la llamada que sé que al final llega
para recordarme que he sido suficiente, siempre.
Que siempre he sido válida.

Que siempre fui digna
del amor que no recibí.
Porque a veces lo pierdo de vista
pero tarde o temprano
siempre lo acabo encontrando
despistado
dentro de mí.

ESPERANZA

Ya no tengo ninguna esperanza en lo nuestro. Y si fuera sincera, jamás la tuve. Porque la esperanza es algo más bien propio de los inocentes, de los jóvenes, de los inexpertos. Dejé de creer en ti cuando, después de haberte visto brillar, te apagaste súbitamente, por completo. Aun así, me engañé durante un cierto número de días. Y las horas pasaron despacio, siendo contadas con tiento. Esperando impacientemente el momento en que siempre sabía que volveríamos a vernos. Sin embargo, la realidad es que solo me cruzaba contigo porque era inevitable. Porque estaba condenada a compartirme con tu espacio-tiempo. Y por eso sé que todo estuvo claro desde el principio, aunque yo no quisiera verlo. Que x fue igual a y desde el inicio. Que lo único que había detrás de tus ojos era el conjunto vacío. Ausencia de sentimientos. Así que no puedo decir que me sorprendiera cuando descubrí que besabas, de igual manera, a otra persona. No por ello me dolió menos, porque para colmo ella era maravillosa. Y yo era yo. Alguien contradictorio y fluctuante. Algo extravagante. Demasiado diferente y demasiado rara. No demasiado simpática y sociable como para que quisieras compartir conmigo el tiempo que dabas a otra gente. Mejor cada uno con sus planes y nos vemos solo para dejar de hablar. Solo para respirarnos, para vernos por dentro, para consumir el cuerpo y quemar las ganas. Y así nos vimos varias veces, todas ellas por mi culpa y sin tu intención.

Aun así, te quedabas, como quien se deja arrastrar mientras sostiene una cuerda de la que otro tira, pero no hace fuerza en su dirección.

Ni tampoco la suelta.

NO

Sentir que no eres suficiente
y perder la alegría que en algún punto tuviste
es como saber que tienes un corazón dentro,
pero inservible,
como perder la esperanza,
es arrancarse una piel de mentira
y volver a dejar de sentirse completa.
Sentir que no has sido escogida,
que no habrá fiesta en tu honor
ni beso de buenas noches,
que no eres tú la opción más atractiva.
Que no eres tú, que no será la vida
que te tocó en el sorteo, no será
con esa persona, no será en esa casa.
No.
No serás tú la que baje su fiebre, no;
no serás tú la que encienda su vela, no;
no serás tú quien deshaga su cama.

PUNTOS CARDINALES

Tu pecho es el camino más recto que conozco
hacia ninguna parte.
Arriba, el abismo de tus ojos.
Abajo, lo más parecido al arte.

Tu boca es una especie de laberinto de doble sentido.
Puedo entrar, pero no escapar del instinto
que me mantiene sin remedio
sometida a tu ritmo.

Tus manos que no tocan, que comprenden,
son todo lo que merece la pena
en lo que dura el polvo
que se consume en este reloj de arena.

Tu cuello es una pared vertical,
el vaso de agua en mitad del desierto.
Mis manos rotas tratan de escalar,
y cuando alcanzan la cima siempre descubren
que tú nunca estás despierto.

Es difícil describir qué se siente al tocarte.
Cuando soportamos el mismo peso
y respiramos el mismo aire.

Es complejo entender que el tiempo
existe solo cuando tú estás dentro
y que después no hay nada a lo que aferrarse.

Es delirante pensar que todo esto
algún día atracará en un puerto
donde se consuma algo más que el cuerpo,
donde se huela a algo más que a sexo.
Donde algún tipo de amor
alguna vez
encuentre un hueco.

18 DE ABRIL

Me hubiera gustado enseñarte el pecho,
contarte mi mayor secreto,
desangrar cada parte de este cuerpo
y sentir que, a pesar de todo, seguirías aquí.

Me hubiera gustado enseñarte las cicatrices de este cuerpo,
y no solo el reflejo de lo bueno.
No solo la parte positiva del espectro
que a través de los años construí.

Te escapaste entre los huecos de estos dedos,
que estaban tan llenos de desencuentros
que no pudieron entender
que los versos no se pueden perseguir.

Y así, un día,
acabó lo que nunca había empezado,
cuando por fin me convencí del todo
de que tú jamás te habías siquiera planteado
la posibilidad de sentir.

PELIGRO, RIESGO DE MUERTE

Ojalá algunas personas llegaran a tu vida con un cartel de estos colgado en el cuello. Algo que te avisara previamente. Unas letras luminosas en la frente. Algo evidente. Que no cupiesen dudas. Pero no. No es así, y al final tienes que descubrirlo por ti misma. Al final tienes que electrocutarte, que quemarte, que sufrir. Y, por supuesto, después ellos te echarán la culpa. Porque deberías haber estado prevenida. Porque deberías haber sabido que ahí había peligro. Que había riesgo de muerte. Que iba a haber sangre. Así que, cuando estás hecha un cuadro, de color negro, quemada, rígida y débil, solo te queda desandar el camino, disimular y hacer como que aquí no ha pasado nada. Como si no hubiera sido un acto de suicidio haber metido los dedos hasta el fondo. Como si el hecho de que te haya dolido haya sido solo culpa tuya. Porque tú eres la tonta. Porque tú *estás loca. Desquiciada. Demente.* Porque a quién se le hubiera ocurrido, si no a ti, pensar que podías rozar ese corazón, siquiera de lejos. A quién se le hubiera ocurrido, si no a ti, que eso podía tocarse sin sufrir. ¿Quién si no tú, que no caminas en la cuerda de la sensatez, hubiera creído que, al poner las manos sobre esa caja eléctrica, completamente desnuda, ibas a salir ilesa? La próxima vez intenta adivinar el voltaje, antes de tratar de atravesar un cuerpo que ya haya vendido su alma.

NO DISPONIBLE

Eres absolutamente inaccesible,
inabarcable, impenetrable, insensible.
Las puertas están completamente cerradas
y cualquier otro acceso es invisible.

Estás hecho de piedra y hielo,
eres el *livor mortis*,
azul oscuro casi negro.
Un reloj que se paró hace mucho tiempo.

Un cuerpo congelado, inerte,
totalmente cerrado a ver, a oír, a sentir.
Ni siquiera si me llegase la muerte
tú serías capaz de asistir.

He deducido por tu mirada vacía
que te has convertido en un gigante de hierro,
una torre de hormigón armado y sangre fría
como mecanismo de defensa contra el afecto.

Por tu falta de empatía me has destrozado,
y no has tenido la más mínima idea
porque en tu cabeza suena bien un asesinato
a un corazón que apenas aletea.

Pero gracias a tu buena educación de colegio privado
y a mi elegancia labrada por los años
podremos caminar en la cuerda cordialmente
hasta que deje de tenerle asco

a esta situación extenuante,
a tu mirada sin vida,
a tu sonrisa de sable

y a mi propia herida.

INVISIBLE

Por mucho que me ponga delante,
por mucho que lo intente, por mucho
que trate de ponerme
carteles luminosos
en la frente.
Tú jamás podrás verme, tú jamás
vas a percibirme.
Por mucho que me empeñe,
que me coloque, me tuerza, me encorve
hacia ti.
Tú nunca vas a mirarme.
Ni siquiera cuando estas páginas estén impresas
me admirarás.
Y cuando alguien aplauda, cuando me llamen,
cuando pregunten dónde estoy
y quieran venir a visitarme,
tú seguirás en tu rincón, escondido, ausente,
sin conocerme.
Preguntándole a otra si llueve,
sabiendo que yo
lo sé mejor que nadie.

SOMOS

Somos la fibrilación ventricular,
el paro cardíaco,
la asfixia inminente,
la muerte acechando.
Somos la sangre corriendo,
lo prohibido, lo odiado,
lo no permitido,
el error de cálculo.
Somos el fallo respiratorio,
el oxígeno tratando de entrar
en los huecos internos del cuerpo,
en los orificios de un órgano
en fallo mortal.
Somos todo lo que criticamos,
lo que intentábamos siempre evitar.
Somos el matrimonio perfecto
entre estrés y ansiedad.
Lo que envilece el recuerdo del verano,
lo que contamina el agua,
el sicario.
Todo aquello que muere en la mirada
cuando la cuerda se tensa,
cuando la espera se acaba,
cuando sucede lo inevitable,
cuando se clava la espada.

Seremos dos perfectos desconocidos, como al principio.
Como siempre.
Como antes
de haber atravesado las capas, antes
de haber caído en la trampa.

LUZ DE GAS

Hiciste todo lo que estaba mal
y te sirvió como razón de peso
para echarme a mí la culpa
y salir corriendo.

CADENA DE FAVORES

Me has robado todo el tiempo que yo he permitido
que me duelas.
Me hace gracia la cadena de la irrelevancia.
Lo que lo es para mí no importa tanto,
lo que lo es para ti ha sido mi eterna espera.
Yo soy irrelevante para ti mientras que tú
has secuestrado cada minuto de este tiempo
en el que he descubierto
que no quería dejar que te fueras.
Me gustaba tanto que me gustaras… Pero tú…
Tú solo quisiste saltar al siguiente charco,
poner saliva en otras manos,
mojar tus dedos para entrar en otros labios,
y provocar la combustión de un alma nueva.

DÉJAME HABLAR

Han sido noches completas las que he perdido
tratando de entender por qué te das la vuelta
cuando grito.
He tratado de comprender lo inexplicable
inventando todo tipo de teorías
sobre tu falta de autoestima
escondida
detrás de una máscara de víctima
que descansa cada día
sobre un pedestal de poder.

Tú te has convencido de que yo no soy lo que buscabas,
de que yo llevo dentro todo el mal, todo
lo que debes *evitar*.
Yo pretendía ver en tu fondo algo distinto,
algo que me indicara
que es imposible fallar tanto el tino.

Me negaba a creer que fueras tan cobarde,
tan retorcido,
como para no poder venir hasta aquí y mirarme,
mirarme y mentirme de nuevo, decirme
que no pretendías haberme arrastrado, que no pretendías
haberte aprovechado de este cuerpo afligido.

Yo, estúpida, trataba de entenderte,
pensando que simplemente necesitabas
arrancar la tierra,
excavar senderos bajo el suelo

para esquivar a toda costa
cualquier tipo de duelo.

¿Quién eres?
¿Qué quieres?
Ni siquiera tú lo sabes.
¿De quién te estás escondiendo?

TU CARA ME SUENA

Hay alguien
que se parece mucho a ti
que camina como tú.
Que tiene una voz
como la que emitía tu boca
cuando tu espalda
estaba entre el suelo y yo.

Hay alguien
que se parece mucho a ti
que se mueve como tú
pero no sobre mí
ni a mi lado.

Hay alguien
que se parece mucho a mí
cuando miro un espejo.
Que me toca como yo
y me escucha gemir.

Es curioso, hay gente
que se parece a los dos.
Los miro desde fuera.
A veces, incluso tropiezan
y se piden perdón.

Hay alguien
que se parece mucho a ti
pero no eres tú
ni tampoco yo.

TRES VECES

Fueron tres las veces que cuento
que mi pecho se hizo tiempo
entre un reloj de arena y otro,
entre un cuerpo acumulando polvo
y el siguiente esperando
a ser descubierto.

Fueron tres las ocasiones
en que tu boca fue alimento,
en las que tu lengua fue instrumento
para cambiar la tesitura
de todas las discusiones.

Fueron tres, ni más ni menos,
y entre ellas el sexto mandamiento.
Y lo mismo, sin la T del centro.

Y al final, el final violento.
El fuego creciendo y tus manos
asfixiándolo sin miedo.

Al final, el desdoblamiento,
divergencias, bifurcaciones, lamentos,
del mío y de tantos otros cuerpos
arrasados antes de este, sedientos.

Al final, tres veces fueron suficientes
para ser sustento
de todas las palabras que no sabes que tienes
tatuadas en tu cuerpo.

HUMO

No debe, no puede, no lo hará.
No volverá.
No retorcerá las piernas, los brazos, el cuello
hasta encontrar asfixia donde hay aliento.
No se expandirá por dentro de mis pulmones.
No volverá a ocuparlo todo,
a manchar los rincones,
a pasar por mi garganta,
haciendo nudo y bajando.

No estaré ahí de nuevo,
no me veré ahí tragando
todas las palabras ahogadas, todo el llanto.
Que por no salir no salieron ni lágrimas
porque nunca tuvo siquiera
la entidad de un fracaso.

Pero no importa, no temo, no volverá a recordarlo.
Es amnésico, extraño, patético, absurdo,
tan guapo…
Yo escribo y él olvida, cada poema
es un recuerdo menos, es una
microscópica despedida.

Pero ahí está, al fin y al cabo, remanente.
Muy dentro.
El día menos pensado dará la cara.
Provocará los síntomas.

Debería dejarlo.

QUIERO SER COMO TÚ

Lo confieso, volvería a nacer y quisiera
parecerme tanto a ti
que nadie pudiera distinguirnos.
Estar en tu cerebro,
escuchar los pulsos internos,
no sentir nada, que nada me doliera.
No tener nunca el menor remordimiento,
que solo haya victorias,
que sean siempre los otros
los que no están en lo cierto.
Me gustaría navegar por tus venas vacías de afecto,
sentir la leve brisa,
nunca hay olas, no hay señales,
no hay marejada ni mar de fondo ni resaca.
No hay furias salvajes.
Siempre es invierno.
Quiero ser como tú, quiero habitarte,
quiero hablarte mientras no te miro,
porque así soy yo, no me hace falta
mirar para saber que otro me escucha.
Porque siempre todos lo hacen.
Quiero ser como tú, quiero despojarme
de todo sentimiento, de las vísceras.
Sobre todo de una, de la más importante.
Quiero ser como tú,
quiero desprenderme
del *órgano*
que late.

LO VOY A ARRANCAR

Hoy voy a asesinar toda esperanza,
toda pregunta, toda espera.
Hoy va a ser el día,
y no cualquiera de los anteriores
en los que dije que lo haría.
Hoy voy a hacerlo de golpe.
Voy a estrangularte, extirparte y romperte.
Por ese orden.
Y quedará un hueco, y tendré que rellenarlo
con otra sangre, con otras manos, con otros labios.
Y no sabrán igual que los tuyos, no sabrán
a espectáculo.
No sabrán a nada.
Pero lo voy a hacer porque has colmado
la última gota de este vaso.
Porque has taladrado todos mis deseos.
Porque has arruinado mi último intento.
Porque no sé quién eres.
Porque todo este tiempo
sin ninguna duda
yo
te he inventado.

En mitad del invierno,
por fin aprendí que en mi interior
habitaba un verano invencible.

Albert Camus

AQUELARRE

Que no se os olvide ni por un segundo
que no sabemos quién es.
Que no se borre de vuestras mentes
que nunca estuvo presente
mientras moríamos de sed.

Siendo musa y sabiendo
que emanaron versos de nuestra piel
que le gritaban a la cara,
nunca quiso escuchar
ni quiso ver.
Que no se os olvide que nunca nos vio por dentro,
que solo tocaba el centro
dejando cicatriz después.

Que no, que no somos nosotras
las que queman lo que tocan.
Que a nosotras nos incendiaron
y después solas
nos dejaron arder.

Pero no quiero lamentos ahora,
no quiero ver cómo os dejáis vencer.
No os ha matado.
Es solo un hito más en la memoria,
otro obstáculo a lo largo de los siglos.
Que no se os olvide
que es solo agua sucia.

Dejadlo correr.
Sobre otro verso,
sobre otra historia.
Sobre otra mujer.

HAY QUE ESTAR SIEMPRE PREPARADA

Todas las mañanas me preparo,
me pongo mis mejores galas
y salgo a tu encuentro.
Hago el cribado,
busco tu cara
entre las de mis enemigos.
He ensayado cómo voy a decirte,
básicamente,
que eres un cretino.
Nunca te veo, pero desde que lo hago
me veo guapísima en los escaparates.

LA BIOLOGÍA

A pesar de que me dé rabia,
todo lo explicó la biología.
El tenue tacto de tu gracia
y el breve espacio de tiempo
de tu saliva en la mía.

Aunque me duela admitirlo,
de todo tuvo culpa la oxitocina
que corrió por mi sangre arrasándolo todo,
pero solo un instante en tu mirada vacía.

Dos almas nunca se encuentran al azar,
dicen los que todo lo razonan.
Pero aquí solo se fundieron dos cuerpos
generadores de hormonas.
Y la maldita ciencia, esa bruja sabia
que a todo sueño impone una condena,
permitió que por mis venas
mucho más tiempo corriera
toda esa droga inconsciente.

Y poniéndolo todo en su sitio, como siempre,
dejó que por las tuyas viajara solo unas horas,
haciéndome desaparecer de tu cerebro
con el primer rayo del siguiente día.

Así que yo, transformada en un cuerpo sin vida,
me quedé amarrada a una cadena indeleble.
Amordazada, tratando de calmar a la jauría.

Sedienta, cortada y abstenida,
una vez más,
por culpa de la puta biología.

CELEBRO

Celebro todo lo bueno que pasa,
aunque yo no esté en ello,
porque la vida siempre se las apaña,
para rimar con el tiempo.
De un modo tan ideal
que a veces no comprendemos.
Tan ideal como tu día soñado,
tan ideal como ese día normal
en que no ocurre nada extraño.
Porque sobre todo celebro
todo lo malo que no nos pasa.
Porque es más importante valorarlo
que estar esperando la patada.
Porque cada día que tú respiras,
y yo también,
es un regalo.
Y es cierto que crece si se comparte,
pero lo más relevante
es que nada me falta
si estoy a mi lado.

CHICA DIAMANTE

Ella es una chica Almodóvar,
aunque no la hayáis visto en el cine.
La rubia que taconea para mí
en todos los desfiles.
La que teje con palabras de aliento
cada una de mis heridas.
La que no me juzga porque siempre
antes que yo ella ya sufrió mis caídas.

Ella es capaz de levantarte del suelo,
de sanar, de curar, de coser, de vendar,
de matar a los monstruos desde dentro
con su pelota cosida en la bata.
Con sus labios rojos y la sonrisa intacta.

Ella te salva, te despierta, te resucita,
te convierte en poeta.
Es curandera, madre, hermana de grandes y pequeñas.
Es el hilo rojo que nunca aprieta.

Y ahora que la tengo a ella, y también a su hija,
siento amor doble y la felicito por duplicado
porque ella me enseñó que el amor se multiplica,
se expande, se extiende, se dobla a su lado.
Te requiero, todos los días,
compañera del alma,
estés donde estés, yo te abrazo,

y *que el fin del mundo nos pille bailando.*

A ELLA

Llegué a encontrarla
cuando ella no me estaba buscando,
pero sabía
que me necesitaba.
Ella, que si hubiera podido,
habría sido
la presidenta del mundo,
se limita a ser una mujer sencilla,
capaz de hablarte con el hálito justo
para que sientas que está,
aunque no esté presente.
Que te mira, aunque no te vea.
Que te escucha, aunque no te entienda.

No sé si algún día sabré devolver
todas las caricias que me da con la mirada
cuando no dice nada,
pero sabe
que no estoy bien.

Espero no arrepentirme
de no haberla besado con suficientes «te quieros»
cuando una línea invisible nos separe.
Ojalá algún día comprenda
que yo no soy nada sin ella.
Que cuando me falte
en la mirada solo tendré arena.

Ojalá la vida le hubiera dado otra tierra,
otra época, otra suerte, otras tormentas,
para que vosotros pudierais conocerla,
para que pudierais disfrutarla.

Mi madre solo es una, la tuya, quizá también.
Pero la mía, ay, la mía, si no fuera ella
yo tendría que haber vuelto a nacer
para encontrarla de nuevo, las veces que hiciera falta.

Para que pudiera mecerme en sus brazos.
Para que pudiera verme crecer.

SIN RUMBO

La verdad es que a veces siento
que no tengo muy decididos
la dirección ni el objetivo.
Y me siento culpable.
Solo veo gente a mi alrededor llegando rápido
y llegando a tiempo
a su destino.
Y yo solo quiero fugarme,
y no sé muy bien ni de dónde.
Es como si yo simplemente me dejara llevar,
como si de una gran señora, que es la vida,
fuese yo una miserable criada
y no supiera nunca hacia dónde voy
ni desde dónde arrastro las pisadas.
Yo solo sé que veo a todo el mundo
con un presente muy seguro
y con más puertas que llaves,
mientras yo no sé si voy o vengo,
si quiero conseguir ser algún día
una buena poeta o un maestro.
Supongo que será cosa del tiempo, pero tengo miedo
de estar pasándolo sin demasiado tiento,
de estar perdiendo el tren que me toca.
De no estar bajando en la parada que debo.
Quizá es que yo me creo
que todo el mundo sabe caminar.
Y más bien la gente está
buscándole sentido al asunto,
tratando de entender qué es el triunfo.
Y sin tener ni puta idea de adónde va.

GENERACIÓN DE CRISTAL

Sobre ellos escriben tratados, y yo
no quiero defenderlos, ni todo lo contrario.
Solo los observo y analizo cómo camuflan
cada día sus sentimientos más oscuros
bajo una estética de perfecta moral.
Camuflan sus ataques de pánico, su incertidumbre,
su dolor y su ansiedad, esconden
debajo de luces de colores
los cardenales de su propio corazón.
Los veo sacando recetas del psiquiatra por su cuenta,
tomando ansiolíticos antes de tener algo
que declarar en la renta.
Sin necesitar los consejos de sus padres
para desnudar un cuerpo o ejercer violencia.
Pero sí para encarar cualquier problema
de aquellos que nunca reconocen
ser hijos de clase obrera.
Aun así, los compadezco,
porque todos dentro de nuestro cuerpo
hacemos de nuestra pena lo más inmenso.
Porque han crecido rodeados de mentiras
en un mundo paralelo.
Alimentando antes que su alma su *alter ego*,
y siendo de sus propios sueños terroristas.
Me gustaría convencerlos de que nada es para tanto,
de que la mayoría de situaciones
no serán importantes dentro de un tiempo.
Que a mí también me han roto el corazón,
y que a veces lo he roto yo sin consentimiento.

Que he perdido el trabajo, he sido rechazada,
me han tirado del pelo, me han escupido en la cara.
Y que todo está bien.
Todo depende
del contexto.
Todo depende
de qué quieras tú aprender de ello.

NO RETORNO

Yo ya no camino hacia atrás,
me pasé la vida haciéndolo.
Y cada vez que volvía la cabeza
no sabía dónde estaba.
Ya no distinguía si era cielo o infierno
y perdía el contacto con el suelo
más veces que acertaba.

Yo ya no quiero coser tus heridas,
quiero que tú no abras las mías.
Y ya no busco señales en todo.
Solo me serviría tu voz
diciendo que somos todo
y que lo demás no importa.

Como ya no me importa
que no me rimen los versos,
porque ya ni para eso
miro hacia atrás.
Porque todo rima,
aunque no lo busquemos nosotros
a propósito.
Porque la vida siempre acaba teniendo,
ahora o a destiempo,
armonía y sentido.

Y porque cuanto más trataba
de rimar contigo,
más a contrapié
cogíamos el ritmo.

CUANDO TÚ QUIERAS

Quiero escribir una segunda parte
que me redima de la primera.
Con tanto que decir, con las ideas en espera,
que se agolpan, se amontonan, se liberan
muy despacio, a través de un angosto agujero
muy estrecho, pero, al fin y al cabo, abierto.
Se abren hueco, esperan pacientes su turno de salida
tantas palabras de aliento, de alegría,
de felicidad calmada y sostenida.

Estuve tan abajo que creía
con toda la certeza en las manos
que jamás volvería a ser capaz
de escribir algo bello, algo amable,
de sentarme al piano, de explicar lo inefable.

Tengo tiempo ahora,
y tengo ganas de contarte
que yo estuve ahí donde tú,
que yo también fui un desastre.
Pero que hoy, con menos que antes,
me siento más libre que nunca.

Y te presto mi boca para que hables,
y te abro mi mente
para que entiendas
que si quieres puedes
coger las riendas
de tu propia vida
cuando tú quieras.

UN RAYITO DE SOL

No es que quiera escribir cosas alegres,
no es eso en absoluto, no pretendo decirte
que todo se resolverá seguro.
Que no tendrás que preocuparte demasiado,
que mañana cuando despiertes
todo lo que te preocupa estará fulminado.

No quiero engañarte con mensajes manidos,
con frases cortas que solucionan problemas infinitos,
con respuestas sencillas a preguntas imposibles.
Ni con todo el oro del mundo.
Ni con todo el sexo del mundo.

Tampoco quiero cortar las alas de tu queja,
ahora que quieres hacerla,
diciéndote que tienes mucha suerte
porque una bala no te vuela la cabeza.
Porque yo no quiero destruirte
el derecho de creer en tu agonía, y de sentirte,
si así te sientes hoy, con el alma completamente vacía.

O tal vez me retracto
y opino todo lo contrario, y te digo
que deberías agradecer cada día
que te levantas con un rayo de sol y no de odio.

Así que decide tú cómo prefieres
vivir tu puta vida, que solo es una.
Lo siento, a veces me cabreo
con los que no saben vivir y piensan

que después de esta vida hay otra nueva,
que vuelves a aparecer en la cuna, que te dan
la oportunidad de volver a la escuela, de volver a probar
hasta que un día, por cansancio, aciertas.

No es así, lo siento.
Si el miedo te domina no avanzas
y con odio no llegas
ni a la vuelta de la esquina.
No hay retorno, no hay salida
más que la muerte.
Procura que cuando te llegue
hayas vivido la vida.

CUANDO DESPIERTAS

Es curioso el momento cuando por fin despiertas.
Cuando te das cuenta
de que dan igual las arrugas que empiezan, tímidas,
a adornar tus cejas.

Que da igual el recuerdo que aún guardas entre ellas.
Que ya no importa siquiera si te gusta el espejismo
que te devuelven las superficies reflectantes
sobre tus formas externas.

Que te da absolutamente igual cómo te vean.
Porque lo que importa es que quien te ve,
quien te mira,
quien te admira
eres tú.

Que has entendido
que tú valor no depende
de pasar el corte,
de cruzar la raya,
de ser o no ser aceptada.

Y que no vas a tolerar nunca más
ni una unidad de amor menos,
ni una unidad de respeto menos,
de los que tú te das a ti misma,
de los que tú te mereces.

De los que ahora, después de todo,
por fin,
te brindas.

RECONCILIACIÓN

Hay veces en las que de repente sientes que por fin
alguien te mira y ve claramente
que no entiende absolutamente nada de todas tus movidas.
Pero, aun así, joder, qué suerte, decide quedarse.

Te observa calmado, como si tú fueras
sobre la Tierra el animal más elegante.
Te ve sentada con un libro y piensa:
«Se la ve ahí muy pequeña leyendo,
pero es mi pequeña gigante».

Después de pasar por algún que otro resalto,
después de haber soportado
a enemigos y amantes,
al fin te he encontrado.
Y que cursi suena, yo que no quería
escribir poemas románticos.

Pero ahora tengo claro
que no volvería a aceptar cualquier cosa
distinta a tus manos,
que tranquilas, pero firmes,
desarman a las tropas, provocan la euforia.
Todo lo acogen, todo lo adoran.
Lo fácil, lo extraño, lo laberíntico.
Las marcas de este cuerpo.
Todo lo aceptan.
Y por fin lo comprendo.

Esto es fácil,
aunque a veces cueste trabajo.
Pero es suave y no es traumático.

Es algo, simplemente,
sano.

AUTOAYUDA

No me leas si lo que buscas
son consejos de autoayuda.
Yo solo puedo recomendarte
que vayas a terapia
si así lo necesitas.
Y si crees que no, con más razón,
acudas.
Que he visto mucha gente
rota en las consultas
por aquellos que no reconocieron nunca
que debían llevar al taller
a su cordura.

¿QUIÉN ERES?

Quizá lo que escribo no te resuena,
no te identificas con nada,
no entiendes las claves
de mi mente torcida.
Ni siquiera sé si existes y algún día
con los dos ojos, o al menos con uno,
leas estas líneas.
No sé quién eres, a qué te dedicas.
Pero sí sé que hay vanidad en cualquiera que cree
que hace algo parecido al arte y piensa
que solo existe si otro lo mira.
Sin ser yo nada de eso,
nada parecido a un artista,
disfruto con la ensoñación de una cama vacía,
un libro encima,
y un puñado de elementos con mi firma
que nunca ningún entendido
podrá calificar de poesía.
Si algún día los lees, seas quien seas,
sufre o disfruta, lo mismo me da.
Los escribí porque dentro me quemaban,
y porque a quien quería decirle todas estas cosas
nunca me miraba
y ni siquiera existía.

EN VIDA

Me parece una maldita locura,
un cuerpo extraño en el punto de sutura,
un golpe maestro del destino,
una putada continua.

Es increíble cómo la vida siempre te coloca en tu sitio,
cómo rompe tus estructuras,
cómo despliega los elementos,
cómo te envía las plagas divinas.

Y, aun así, aunque es una puta,
aunque es injusta
y parece que disfruta,
todos los días sufro porque se me escapa.
Y aunque sé que cuando acabe
dejaré de sufrir,
también dejaré de tomarme un vino con mis amigas,
y de ver crecer las *maticas*
que nacen, revolucionarias, en el asfalto.

Y sí, dejaré de pasar fatigas,
pero también de ver al sol salir y ponerse.
Qué pena, no quiero eso,
pero, sobre todo, no quiero
dejar todo eso antes de irme.

Dejar de vivir, de estremecerme, de conmoverme.
No quiero dejar de sentirme una niña,
ni quiero dejar de ponerme cachonda
si me miras.

No quiero ser como esa gente
que deja de sentir
estando aún en vida.

NOSTALGIA

Echar de menos
como quien quiere volver
a jugar con plastilina.
Sabiendo que, si la huele o acaricia,
será solo parecida.
Pues con el paso del tiempo
y en las manos de un adulto
no será ya
la misma.

11:11

Ahora que no me ves,
confesaré que aún,
de vez en cuando,
pido un deseo absurdo
a un número reflejado
en la esfera de un reloj.
Que aún, a veces,
solicito a un ente externo
que algún día el espacio-tiempo
tumbe las leyes de la física
y me devuelva, de repente,
junto a ti.

LA INSPIRACIÓN

La inspiración es una niña caprichosa.
No lo digo yo, lo han dicho muchos otros antes.
Otros que eran artistas de verdad,
y no impostores.
Otros que tenían entidad para hablar de pecados,
de duelos, de sangre, de placer, de dolores,
de corazones devastados.
La inspiración es una mujer de elegantes rasgos
siempre escondida a plena luz del día,
en mitad de la calle,
levitando en el asfalto.
Es un hombre con carisma que no es muy guapo,
es uno de esos jefes hijos de puta que nunca te valoran,
pero que algunos viernes
te dan una palmada en la espalda recordándote cuánto
debes agradecer tener una mierda de trabajo.
Es una madre cansada
que no se ha sentado en todo el día,
un médico frustrado, una panadera feliz,
un banquero arrastrando los pies,
el vermú del mediodía, un café con una amiga,
la bronca de tus padres cuando tenías dieciséis.
Está en el ser que la nota,
en aquel a quien de repente cualquier cosa
le eriza la piel.
La inspiración, como la belleza,
está siempre y únicamente
en el corazón de quien la quiera ver.

Soy una convulsión, un grito, sangre aullando.
Alejandra Pizarnik

MENSAJE AL ESPEJO

Déjame que te diga
que no sé cómo ayudarte
la mayoría de las veces,
pero que voy a estar aquí siempre
para acompañarte
a acertar y a equivocarte,
a sufrir y a acariciarte.
En cualquier caso, hermana,
aquí voy a estar siempre
aunque casi nunca te entienda,
porque yo sí te creo.

Porque yo sí
te quiero.

PERDIDO

¿Cómo vas a encontrarte
si aún no sabes que estás perdido?

¿Cómo vas a recomponerlo,
si aún no has descubierto
que está partido?

...a mi maestro de teatro

MÁSCARAS

Las mascaras sociales nos ayudan, desde pequeños, a poder relacionarnos. Hasta cierto punto, y bien empleadas, nos permiten superarnos, llegar más lejos y hasta incluso sobrevivir. Sin embargo, en ocasiones hay máscara que, tristemente, han consumido a la persona, a su esencia. Y ya no pueden verse ni siquiera a sí mismas. Ya no pueden escucharse, no pueden mirar dentro. Estas personas llegan a creerse incluso las mentiras que les cuentan sus propias máscaras, y son engullidas por ellas como si de una planta carnívora que se traga un mísero insecto se tratase. Y puedes reconocerlas muy fácilmente.

Pues una máscara jamás sería capaz de sostener una mirada.

Estas personas, desconectadas de su esencia, son incapaces de mirarte a los ojos cuando estos arden. Cuando los tuyos sí que sienten. Estas personas no han entendido que no hay nada más bello que reconocerse en el miedo propio y ajeno. Que no hay nada más atractivo que mostrarse vulnerable.

Que ser uno mismo.

INSTRUCCIONES PARA JUGAR AL ESCONDITE

Sentirme diferente
no era antes algo interesante,
algo de lo que presumir ante los compañeros
en el patio del colegio.

Al revés, era una excusa para querer parecerme al resto,
para imitar a aquellos
a quienes creía que debía parecerme.
Y así, escondida en otra gente, pensé
durante mucho tiempo
que sería aceptada, que daría el pego,
que nunca tendría que contar el secreto.

Pero, afortunadamente, nada de eso fue en vano.
Empecé a descubrir las aristas
del comportamiento humano.
Solía querer ser como la gente que me cayera bien,
y a veces no tanto,
porque también me resultaba interesante
parecerme a los malos.

Porque pensaba que así me aceptaría el rebaño,
que me verían más seria, más recta, más alta,
que gustaría a los muchachos.

Que no sería nunca más la víctima
de todos los atracos.

VEINTINUEVE

Últimamente tengo siempre
muchas ganas de que me pregunten
cuántos años tengo.
Y aun así peco de esa absurda costumbre
de decir de lo que estoy a punto.
Casi tengo treinta, casi llego, estoy saliendo.
¡Qué maldita manía de no disfrutar del momento!
Que tengo veintinueve, joder, veintinueve intentos
de ser una mujer hecha y derecha
y aún estoy en ello.
Todavía, más bien demasiado, me tropiezo,
me vuelvo a hacer sangre en las tibias,
me peleo, me rebelo, me tuerzo.
Me despierto
y otra vez soy una niña.
Pero estoy segura de que el año que viene
estará todo resuelto.
Dejaré de equivocarme, seré un ser productivo,
tendré un hijo, plantaré un árbol
y publicaré este libro.

PRONOMBRES

Me los enseñaron de pequeña
pero solo he retenido los más importantes.
Yo, mí, me, conmigo,
y contigo
pero siendo yo.
No es egoísmo,
no es realismo mágico.
Es más bien que yo me respeto
y que cuando me veo en los espejos,
aunque suene pretencioso,
de corazón,
yo me quiero.

A GOLPES

Si nunca has sentido un golpe seco,
si nunca te han lanzado por el precipicio
justo a tiempo.
Si nunca te han reventado por los aires,
si nunca has tragado el veneno,
lo siento.
Y hasta cierto punto, es verdad
que no todo lo que sucede conviene.
Hay veces que es simplemente una putada,
una puñalada, un bombazo, un desconcierto.
Pero, la mayoría de veces, el siniestro
trae consigo algo bueno,
un despertar,
una subida
en el escalón de los aciertos.
Paradójicamente, a través de los errores
te sacas otro máster en manejo
del barco en mitad del naufragio.
Y para el siguiente atraco
te lees tú mismo tus derechos
sin necesidad de un abogado.

LO QUE NO SOY

Cuántas veces tendré que escuchar la misma historia,
el mismo cuento sobre mí contado por aquellos
que nunca han estado conmigo en la memoria,
que nunca han recorrido los caminos internos.
Otra vez la mancha negra sobre el lienzo.
Yo soy la reina del Bronx,
la bruja maléfica, el Óscar de honor,
soy
la mujer malvada, loca,
un jarro de agua fría en mitad del invierno,
una navaja rajándome la boca,
soy
el fuego en los oídos por la rabia,
la comisura del ojo reteniendo una lágrima,
soy
todo lo que cuentan,
y sobre todo lo que inventan,
y no soy nada de eso en mis entrañas.
¿Cuántas veces tendré que revivirlo?
¿Cuántas veces tendré que liderar la causa
de defenderme, con la cabeza alta,
de un puñado de miserables cuyo ego
es su propio castigo?
Relativiza, me digo, no pasa nada.
Puedes tener tranquila tu conciencia.
Porque aquellos que hablan,
y los que pudiendo romperse la cara, se callan,
nunca te han conocido,
nunca te han acompañado
la tarde de un domingo.

Nunca te han preguntado
cómo has conseguido
tantas veces antes
sobrevivir al escapismo.
No han mirado dentro del vaso,
no han acariciado
las cicatrices del fracaso.
En definitiva,
no han estado nunca
contigo.

HAY QUE VACUNARSE CONTRA LA RABIA

Veo la rabia en los ojos de la gente que me rodea.
Veo sus caras henchidas de odio al decir cualquier cosa.
Veo la rabia desmedida de mi jefe cada día,
y la de la cajera que me devuelve el cambio en monedas.
Veo mucha más rabia contenida
desde que observo mejor a las personas.
Será porque en la tele solo salen cosas feas,
porque nunca te cuentan la buena noticia
de que por fin una niña en Palestina
ha escapado a su destino inherente.
Yo puedo, al menos, perderlos de vista,
cambiar de trabajo, de supermercado y de gente.
Pero ellos, ellos no pueden arrancarse la rabia de encima,
despegarla de las arterias.
No pueden huir del acecho inminente
del infarto, esperando paciente
en la casilla de salida.
Me dan pena, porque no han entendido
que la rabia únicamente los llevará
a estar solos en un mar embravecido.
Solos y condenados a luchar contracorriente.
Contra los elementos, la tempestad y el frío.
Solos, porque con rabia jamás volverán a ser niños.
Jamás volverán al hogar.

LUNES

Hay días de todo tipo, hay días
en los que no te resucita ni un tornado.
Hay días en los que simplemente
todo está oscuro, disperso.
En los que el meñique busca la pata de la cama,
en los que envías mensajes confusos, en los que
pocas cosas tienen sentido, te sale el café malo,
el pelo se te queda feo, enredado,
y eso que has hecho lo mismo de siempre al lavarlo.
Da igual, hay días que sin saber cómo te arrasan,
y tú no tienes tiempo de tumbarte de lado
a verlos pasar, tú tienes que salir
al ruedo, al mundo, coger el coche,
entrar en el atasco,
enfadarte, desenfadarte, tener dos trabajos,
o tres o cuatro, ya sabes, para ir tirando.
Hay días que simplemente no son días,
son algo extraño.
Y te sientes culpable por no haberlos disfrutado
por no haberlos exprimido,
porque ayer ya es tarde,
porque mañana ya es martes,
porque hoy ya es pasado.

BILLETE DE IDA

Ojalá alguna vez cogiéramos un tren
y no supiéramos dónde vamos.
Que comprásemos un billete de ida y no tuviéramos
ni la menor idea
de en qué parada vamos a bajarnos.
Un poco como caminar por la vida.
Que sabes que vas a algún lado,
más o menos en una dirección concreta,
pero no estás seguro del todo
de lo que te vas a encontrar por el camino.
Un poco como hacemos con el resto de personas
cuando nos creemos los halagos,
cuando acampan detrás de nuestras cejas
sin conocerlos siquiera,
sin pedirles pruebas
de hacia dónde nos llevan.
Si no fuera así, tal vez habría menos dolores de cabeza
y muchas menos penas, estoy segura.
Pero, sin duda, también habría, tristemente,
muchos menos poetas.

HERMANOS

Quiero que sepas
que tengo toda la fe en ti
que no te tienes tú mismo.
Que tengo toda la esperanza en tu signo,
que estamos condenados a entendernos,
que siempre voy a acunarte en mis brazos,
aunque nos llevemos diez inviernos.
Que has sufrido dentro de ti
lo que otros durante cientos de años,
que tienes a nuestros ancestros andando por tus venas,
por tu cuerpo, que ahora es llanto.
No quiero decirte que te quiero,
porque eso se nos queda parco.
Yo te requiero, te necesito y te amo
porque llevas mi sangre, pero no solo por eso.
También porque hemos pasado por tantos desastres
que sabemos el uno del otro lo mucho y lo poco,
lo pequeño
y lo grande.
Y da igual lo que haga la gente,
lo que diga, lo que calle.
Da igual quien pase a nuestro lado,
quien no deje huella
o quien provoque daño.
Porque tú y yo, sin ser uno,
sin ser siquiera amigos,
seremos siempre
hermanos.

ENHORABUENA

Esta noche voy a desabrocharme
solo un ratito
todos los miedos, las inseguridades.
Voy a dejar que arda, solo un momento,
la euforia, la alegría y hasta el llanto.
Voy a arrancarme, sin anestesia,
el síndrome de la impostora,
y voy a dejar de contar las horas
que quedan hasta que vuelva a visitarme.
Voy a dormir sin ese lastre
arrastrado a lo largo de los años.
Y voy a creérmelo,
y a vivirlo.
Voy a darme un respiro,
y también un abrazo,
y, por qué no decirlo,
también voy a darme
la enhorabuena.

¿CÓMO VA ESO?

Cómo te va la vida, el trabajo, la familia,
preguntas mientras miras a la esquina superior derecha,
mientras clavas tu atención en otra presa,
como si te importara,
lo más mínimo, cómo estoy.
¿Cómo van todas las cosas que nunca me senté
a escuchar cómo habían ido en el pasado?
Ahora quieres saberlo,
ahora quieres
indagar, buscar, rebañar, tocar de nuevo.
Ahora quieres,
                    y yo
                              ya no quiero.

LLAMA ANTES DE ENTRAR

Cuando llegues hazme una señal, avísame.
No quiero que me sorprenda tu llegada,
quiero tener preparado algo que contarte.
Detesto caer en lo de siempre,
tapar la falta de conversación con algún beso
y contarte qué hay para cenar.
En qué momento perdimos la fe, cuándo
tus palabras dejaron de ser casa,
y cuándo esta casa dejó
de parecerme un hogar.

MIENTRAS TE OLVIDO

La verdad es que ya casi nada tiene sentido.
Hay poemas en los que te echo de menos
y otros en los que yo diría que casi
te olvido.
Supongo que la línea de esta cicatriz no es nítida,
no es un camino cortado, recto,
un punto y aparte, no es
lo que nos habían dicho.
Es algo tenue, ciertamente disperso,
no tiene los vértices claros.
Es como cuando te miro,
que hay veces que quiero besarte,
comerte, deshacerte en mis manos,
y otras en las que no sé
ni a quién tengo delante.
Es como cuando transito
los mismos caminos de antes
y nunca te encuentro, no te veo,
no te siento.
Nunca fuiste nadie, pero es que ahora,
además de decirlo,
también me lo creo.

APUNTES

Solo cuando escribo me libero.
Y cuanto más desnuda, vulnerable, sola,
expuesta, vacía y explícita soy,
más segura me siento.
Más valiente, impertinente, molesta.
Real.
Es difícil comprenderlo,
pero es que nadie podría enfadarse con un poema.
No puedes criticar al autor si has sido tú el modelo.
Yo me escudo, me oculto, quizás, no lo niego.
Detrás de algo todos nos escondemos.
Pero al menos admite la originalidad de mi forma de hacerlo.
Al menos yo sí
tengo un lugar donde puedo decir lo que pienso,
lo que quisiera,
y sobre todo lo que siento.
Lo que sientes tú,
ojalá encuentres algún día,
valor para entenderlo.

¿CÓMO SABES QUE HAS LLEGADO?

Que suene una canción que te devuelve a un momento preciso,
pero que no sea ya como antes.
Que empieces a creer que sí, que es cierto,
que alguien creerá en lo que tú haces.
Que todo lo que tienes son tus alas,
que de lo que sangraba quedan solo tatuajes.
Las marcas de un pasado a contratiempo,
la belleza a contraluz de lo más tenue.
La comprensión última de todas las cicatrices
cuando suena una canción y ya no te recuerdo.
O cuando lo hago, pero siempre duele menos.
Cuando huelo el perfume de aquel día
y que pertenece a otra vida es lo único que siento.
Cuando sucede cualquier cosa cotidiana,
cuando me responden que sí en la entrevista,
o cuando me despierto y estoy en blanco y negro.
Y yo, simplemente, ya no quisiera contártelo.
Ya no es tu tiempo.
Ya no quisiera llamarte, ya no quisiera
cuadrarme a tu paso.
No quisiera que me veas.
No quisiera ya tenerte
a mi lado.

RESPONSABILIDAD

Solo yo tengo la responsabilidad
de dejar atrás todas las puertas
que otros cerraron en mi nombre.
De abrir todas las ventanas
que dan al mar.

AGRADECIMIENTOS

Gracias a quienes me han dejado siempre ser yo misma. Por su esfuerzo para que en casa hubiera corazones llenos de valores antes que armarios llenos de objetos. Por ser siempre amparo y hogar, estemos donde estemos. A quien me sostiene en las malas, me apoya en las dudas y disfruta conmigo en las buenas. A los que son hermanos y hermanas de otras madres, por haberme hecho quien soy, por la vida compartida y por mirarme siempre con amor y respeto. A quien me empujó a publicar este libro, y a la escucha y el cobijo que tantas veces me han salvado.

A todo aquel que haya puesto su grano de arena (siendo consciente o no) para que estas palabras hayan sido escritas. A todo aquel que me haya hecho sentir. A quien me haya enseñado algo o me haya ayudado o acompañado en algún momento de mi vida. A quien haya caminado conmigo.

A Aliar Ediciones, por creer en mí.

Y a ti, por decidir leer, de entre todos los poemas, alguna vez, uno mío.

ÍNDICE

Este libro se terminó de editar en Granada
en febrero de 2024 por

Aliarediciones

www.aliarediciones.es
info@aliarediciones.es